APERÇU

SUR

l'état de la Civilisation

en France.

APERÇU

SUR L'ÉTAT

DE LA CIVILISATION

EN FRANCE,

Lu

LE 20 DÉCEMBRE 1827
A LA SOCIÉTÉ D'AGRICULTURE, ARTS ET COMMERCE
DE L'ARROND.ᵗ DE S.-ÉTIENNE (LOIRE),

Par M. Smith,

AVOCAT ET JUGE SUPPLÉANT,
MEMBRE CORRESPONDANT DU CERCLE LITTÉRAIRE DE LYON,

CHARGÉ DE PRÉSENTER QUELQUES OBSERVATIONS
SUR LE TABLEAU DES FORCES PRODUCTIVES DE LA FRANCE DEPUIS 1814,
PAR M. CHARLES DUPIN.

A LYON,

DE L'IMPRIMERIE DE LOUIS PERRIN,
GRANDE RUE MERCIÈRE, Nº 49.

1828.

APERÇU

SUR L'ÉTAT

DE LA CIVILISATION

EN FRANCE.

Première Partie.

Faire connaître la situation physique et morale d'une nation, calculer le produit et la masse de ses progrès, dresser l'actif et le passif de ses connaissances, en un mot, si je puis le dire ainsi, arrêter et présenter l'inventaire de son état matériel et intellectuel, voilà sans doute un grand objet proposé à nos études. Personne jusqu'ici n'avait osé, en France et pour la France, tenter une pareille tâche, que des hommes habiles avaient bien préparée par de précieux détails, mais qu'aucun n'avait encore conçue dans son ensemble. M. Charles Dupin est le premier à qui nous soyons redevables de ce travail bien plus utile encore que curieux. C'était surtout à lui qu'il appartenait de l'entreprendre ; peu d'hommes réunissent des connaissances aussi variées : l'industrie, le commerce, les sciences et les lettres, tout est du ressort de ce fécond génie. J'en atteste ces immenses bienfaits qu'il a répandus dans la classe ouvrière, ces précieuses notions qu'il a fait passer de nos ateliers dans nos manufactures, ces théories savantes qu'il a données sur la stabilité des vaisseaux, sur le tracé des routes, sur les déblais et remblais. Quant aux lettres, elles ont voué une éternelle reconnaissance au traducteur des *Olynthiaques* de Démosthènes, et retiendront longtemps ces belles harangues où, animé à la vue de la terre classique de la Grèce, Dupin cherchait à rallumer leur feu régénérateur dans leur sol natal, en faisant un noble appel aux enfants de la Hellade.

Autrefois on ne savait point, ainsi que de nos jours, tenir note de certains faits qui jettent une si vive lumière sur la condition des peuples et leurs institutions. Ainsi, nous chercherions vaincment des notions exactes sur la population des divers états (1), sur la longévité des citoyens, sur les différents genres d'industrie, et la valeur des différents produits, etc. Nous n'avons rien qui puisse nous guider à cet égard avec certitude dans les combinaisons et les rapprochements que l'esprit humain se plaît toujours à faire. Ceux qu'une inquiète curiosité anime encore plus qu'un véritable esprit d'observation, fouillent bien dans les vieux almanachs ; on l'a dit avant moi, la vérité s'y montre toujours boiteuse. D'autres interrogent les comptes de dépenses recueillis quelquefois par les chroniqueurs, ou s'égarent en commentant quelques vers des poètes. Mais ce sont là, il faut en convenir, de puérils documents, toujours incapables de mettre le philosophe observateur à même d'étudier l'avenir dans le passé.

(1) A Rome, tous les cinq ans, le censeur présidait au recensement de la population, mais il n'avait pour but que de déterminer l'étendue des ressources applicables à la guerre.

En Angleterre on fait, depuis 1801, un recensement général tous les dix ans. En France, le premier ministre qui en ait senti la nécessité, est M. Necker. Néanmoins, nous sommes encore à désirer un recensement exact, surtout sur la population.

Ordre moral, ordre matériel , c'est sous ce double point de vue que M. Dupin a mesuré toutes les forces progressives de la France. Il a su réduire à des calculs géométriques jusqu'à la marche de l'intelligence elle-même ; et , quelle que soit à son égard l'erreur de quelques personnes injustes ou ignorantes , son livre n'en restera pas moins comme un monument précieux où la France industrielle de nos jours retrouvera toujours ses titres. Aussi n'est-ce pas seulement à la science économique que peuvent profiter l'étude et la méditation de cet ouvrage , c'est encore à la science morale et aux recherches philosophiques : le simple énoncé de certains faits , la simple comparaison de quelques chiffres, nous offre souvent une instruction plus utile que d'éloquents discours ou de longs raisonnements.

Toutefois ce n'était point assez d'avoir ainsi mesuré le mouvement social , recueilli les effets obtenus , pour en calculer et déduire ceux qu'on peut obtenir, il fallait encore en rendre la connaissance facile et la mettre à la portée de tout le monde. Pénétré de cette idée , M. Dupin a conçu l'heureuse pensée de réunir dans un cadre resserré , sous le titre de *Petits Producteurs*, tout ce que son ouvrage renfermait de plus substantiel, et par ce travail il n'a pas seulement fait un bon livre, mais encore une bonne action.

Mon but n'est point ici d'en donner une analyse, j'aime peu les résumés des résumés; mais ce que j'aime toujours, c'est de payer mon faible tribut d'admiration à tout ce qui est utile et national.

Il n'est pas de livre, ai-je souvent ouï dire, où il n'y ait quelque chose de bon à prendre; j'ajoute, pour celui-ci, que tout y est bon à prendre et à retenir. Il mériterait volontiers d'obtenir la popularité du bonhomme Richard de Franklin; toutefois, il faut en convenir, il y a un peu trop de science et d'apparat, ainsi qu'on en a généralement fait la remarque, dans les petits livres de M. Dupin. Il s'adresse à tout le monde, à toutes les classes, et son brillant langage ne peut pas toujours être compris par tous; ses raisonnements et ses calculs demandent souvent des connaissances variées pour être bien saisis. C'est un défaut : la première qualité d'un écrivain est d'approprier toutes ses idées à l'intelligence de ceux pour lesquels il écrit. Franklin, que je citais tout-à-l'heure, et qui consacrait aussi ses efforts à éclairer les esprits et à civiliser le monde, est, en ce genre, un modèle admirable à bien étudier.

Maintenant, quoique destinés surtout à l'instruction populaire, il n'est personne à mon avis, qui ne puisse puiser dans les *Petits Producteurs* d'utiles et de salutaires leçons, depuis l'homme d'état, qui pourra y suivre les mouvements d'une population toujours croissante, entant par degrés et avec une étonnante rapidité les idées d'une génération nouvelle sur les idées d'une génération qui s'éteint, jusqu'à la simple ménagère, qui apprendra, par des calculs aussi, que la propreté doit être son premier soin, que si elle embellit, elle enrichit encore en conservant les personnes et les choses.

Quant au grand ouvrage de M. Dupin sur *les forces productives et commerciales de la France*, n'étant point achevé, il ne nous a paru, quant à présent, dans la partie consacrée aux détails, qu'une bonne géographie, une excellente statistique, mais qui n'offre pas encore tout ce que promet l'introduction. Rien n'est plus admirable que cette introduction : c'est un palais magnifique que l'on quitte à regret pour se promener quelquefois dans de beaux jardins, dans de riches vergers, mais souvent aussi dans des terres battues. Il n'entre point dans mon plan d'apprécier les reproches faits à l'auteur de s'être laissé égarer par plusieurs des erreurs qu'on rencontre dans

quelques statistiques départementales. Quoi qu'il
en soit de ces reproches, ce que l'on peut dire
avec certitude, c'est que toutes les fois qu'il s'é-
lève à des considérations générales, toutes les
fois qu'il fait parler les faits pour en presser
les conséquences, on reconnaît toujours le ca-
chet et la trempe d'un talent supérieur qui sait
dominer jusque sur l'avenir.

Cependant, je l'avoue, je ne saurais me rendre
à toutes les prévisions de M. Dupin sur le sort
futur de notre beau pays. Ainsi, pour m'attacher
à un seul fait, autour duquel une foule d'autres
viennent se grouper, je ne puis croire qu'en 1840
le nombre des publications annuelles s'élèvera
en France à six cent soixante-huit millions sept
cent quatre-vingt-onze mille cinq cent dix-huit
feuilles d'impression. Je dis mieux : espérons
qu'en 1840 on lira davantage et l'on écrira moins,
et qu'alors nous ne serons plus accablés par ce
débordement de livres de tout genre, qui pèsent
plus encore sur la société qu'ils ne l'éclairent,
et empêchent quelquefois le génie de jeter tout
l'éclat de son feu. Tels des éclairs brillent à peine
au milieu de l'horizon qu'ils sillonnent alors
qu'une pluie abondante, désolant un beau jour,
noie la terre et ne la fertilise pas.

On voit qu'à l'exemple de M. Dupin, je n'envisage nullement la question sous son rapport matériel. J'aime peu à considérer un livre comme marchandise ; seulement je crois que le jour où l'on écrira moins sera aussi celui où l'on écrira mieux, et j'appelle ce jour de tous mes vœux.

Ce n'est pas, à Dieu ne plaise ! que je veuille prétendre qu'il faille bâillonner la pensée et nous reporter au temps où la Sorbonne condamnait au feu ou au pilon ; ce n'est pas non plus que je veuille dire que de nos jours les livres respirent cette impiété révoltante, cette abjecte corruption dont leurs annales offrent trop d'exemples aux siècles où la sotte censure avait pourtant toujours la férule à la main. A jamais loin de moi une pareille idée ! Je veux au contraire, avec M. Dupin, liberté de penser et d'écrire ; avec lui, je veux qu'on se livre davantage à la lecture, et surtout que le nombre des lecteurs aille toujours en s'accroissant ; mais aussi j'espère qu'avant peu le temps ne sera plus consacré à toutes ces productions éphémères dont nous sommes inondés aujourd'hui, et qui, s'adressant aux passions du jour, ne laissent trop souvent que vide et stérilité dans l'imagination.

Ces productions, cependant, jusque dans leur

légèreté et leur imperfection, caractérisent notre âge, époque de transition où, aucune doctrine n'étant solidement fixée, mille opinions contraires se disputent le domaine de l'intelligence. Sur ce champ de bataille, ce ne sont point des monuments que l'on cherche à élever; c'est l'ennemi que chacun veut dompter et chasser. Ce n'est qu'après s'être assuré du présent qu'on songe à l'avenir, et ce n'est qu'après la victoire qu'on cherche à orner son triomphe; aussi, tout, dans les productions actuelles de l'esprit, est transitoire comme notre temps : on veut des armes pour le jour, on s'en fera d'autres pour le lendemain.

Mais ces agitations elles-mêmes sont le chemin qui nous conduit vers un meilleur avenir. De ces combats et de ces chocs sortira enfin une doctrine victorieuse qui s'empreindra de ce qu'il y a de pur et de vrai dans chacune de celles qui luttent à présent. Quand la discussion frappe tous les jours les systèmes rivaux dans ce qu'ils ont d'exclusif, de passionné et de faux, il n'est donné qu'à la vérité seule de rester inébranlable au milieu de tant d'attaques. Aussi, le moment se prépare où nous devons voir ses divers côtés, maintenant séparés, se réunir pour former un ensemble unique qui saisira la raison humaine affranchie des voiles dont l'esprit de parti l'embarrasse encore.

Et déjà, si je ne prends point pour une réalité une trop flatteuse espérance, il me semble entrevoir l'aurore de ce beau jour. Au milieu de nos dissensions politiques, un illustre écrivain a dit : « Ce qui nous divise est peu de chose. » Il l'a dit, et à sa voix les barrières qui séparaient les deux camps se sont abaissées. Des ruines des factions, se forme chaque jour une doctrine politique qui, prenant de ceux - ci l'amour des institutions, des lois et de la liberté, conservant de ceux-là cette fidélité chevaleresque envers des rois plus chéris à mesure qu'ils étaient plus malheureux, envers un trône dont on ressentait mieux les bienfaits à mesure qu'il était plus menacé, se forme, dis-je, une doctrine politique qui grandit sans cesse, et a déjà, ce me semble, rallié l'immense majorité des esprits.

Ainsi, à une des époques les plus solennelles des mouvements politiques, nous venons de voir les partis les plus opposés se rapprocher souvent pour n'en former qu'un seul, ou si l'on veut, pour convenir dans les divisions qui existent encore, de règles et de garanties faites pour servir de frein aux vainqueurs et de refuge aux vaincus.

Le premier signal de l'alliance a été donné. Les partis se sont tendu la main ; c'est maintenant l'industrie qui travaillera à resserrer leur étreinte. « Cherchons, dit M. Dupin, à répandre un gé- « néreux esprit d'association tourné vers l'entre- « prise des travaux utiles à la patrie, alors nous « verrons se former des liens d'intérêt commun, « d'amitié privée, d'estime particulière entre tous « les rangs, au milieu de tous les partis ; et « peut-être la concorde publique avec la for- « tune et la force de l'état, seront la consé- « quence moins éloignée qu'on n'oserait l'es- « pérer des associations dont nous voudrions « pouvoir montrer dans tout leur jour les im- « menses bienfaits. »

Il faut porter plus loin nos regards. Si les doctrines qui se rattachent à la constitution de la société, et dont l'application est de tous les jours, doivent nécessairement, par un contact continuel, user les premières leurs aspérités, avec le temps il doit en être infailliblement de même pour toutes les autres doctrines qui se partagent avec elles l'empire du monde. Et je n'en excepte point la grande lutte de la philosophie et de la religion, non que je veuille ici soumettre ce que la première renferme de divin et de supérieur à nos

investigations, à ce que la seconde livre à nos dis-
putes ; mais n'ont-elles pas un but commun, le
bonheur des hommes fondé sur leur perfectionne-
ment moral? Il est vrai que pour y parvenir elles
partent de deux points tout-à-fait opposés : l'une,
descendant du ciel sur la terre, montre de suite
à l'homme ses devoirs dans les ordres de son Créa-
teur; l'autre, au contraire, prenant l'homme sur
cette terre, l'examinant dans ses rapports avec
lui-même et ses semblables, pour en déduire les
lois et les devoirs, remonte ainsi jusqu'à notre cé-
leste origine. Cependant sur cette route inverse
combien de fois elles se rencontrent ! que de services elles pourraient mutuellement se rendre :
amies, elles sont les plus fermes garanties l'une
de l'autre ; ennemies, elles se retranchent souvent l'une dans l'intolérance, l'autre dans l'athéisme. L'athéisme ! mais la philosophie de notre âge
en repoussant ce legs empoisonné de la philosophie du dernier siècle, en abjurant, en morale,
la doctrine de l'intérêt et, en métaphysique, la
doctrine des sensations, n'a-t-elle pas fait le plus
grand pas vers le christianisme? Si l'ancien pla-
tonisme mérita d'être appelé le précurseur de l'É-
vangile, cette philosophie ressuscitée à la voix
des Cousin et des Royer-Collard, et si victorieu-

sement opposée à celle des d'Holbach et des Hel-
vétius, loin de rien avoir d'incompatible avec notre
loi religieuse, l'embrasse, au contraire, pour
abaisser l'orgueil de la raison humaine et la soumettre aux vérités saintes de la révélation divine.
La religion, en un mot, est le dernier terme de
la philosophie. Tel est le terrain sur lequel doit
s'opérer le pacte qui les unira, alliance si dé-
sirable dans laquelle la religion, la philosophie,
et la liberté constitutionnelle, fille de toutes
deux, deviendront les fondements immuables
du bonheur de tous, cimenté par le bonheur de
chacun.

Mais ces féconds résultats que la Providence ré-
serve pour la plus grande prospérité de son ouvrage, nous ne voulons à présent les regarder que
sous un seul rapport : la formation des doctrines
reconnues et régnant sans partage. Ainsi sera close
la lice des débats intellectuels; ainsi, à une époque
de lutte et de transition succédera une époque
de paix et de stabilité dans les principes. Et de
même que notre temps de combat et, pour ainsi
dire, d'anarchie dans les idées est signalé par la
production d'une multitude d'écrits éphémères,
instruments d'un seul jour, parce qu'on n'a pas
besoin qu'ils durent davantage, de même aussi

les temps qui suivront auront pour caractère l'apparition de grands ouvrages, dépôts des doctrines victorieuses et servant à les transmettre aux générations qu'elles doivent régir (1).

(1) Il me semble qu'on peut déterminer trois époques. 1° Le dix-huitième siècle, dans lequel les anciennes doctrines s'écroulaient de vétusté, sans toutefois céder à de nouvelles. Alors il y avait vide dans le champ de l'intelligence, négation de doctrines, et par conséquent septicisme, incrédulité. 2° L'époque où nous vivons, où une multitude de doctrines se disputent l'empire. 5° Enfin l'époque qui se prépare, dans laquelle une doctrine unique, formée d'éléments pris dans les opinions rivales, s'emparera du domaine de l'intelligence et y régnera en souveraine.

Seconde Partie.

Si nous étudions la marche actuelle de notre
pays , nous sommes bientôt frappés par deux
idées dominantes,sur lesquelles, en risquant ici
quelques réflexions, je ne veux qu'appeler des
conseils. La première , c'est qu'en France l'immobilité n'est pas possible ; la seconde, c'est que
nos mœurs s'épurent chaque jour avec le temps
et l'expérience. C'est surtout à nos institutions,
filles des lumières, que nous sommes redevables
de ces bienfaits : ce qui nous conduira à quelques réflexions aussi sur cette vérité banale sans
doute, mais qu'il n'est jamais inutile de repro-
duire, que les lumières ne font pas seulement
le bonheur des individus , mais encore la force
et la splendeur des nations.

L'immobilité n'est plus possible parmi nous. Une fois que la civilisation a pris son essor, elle va toujours promenant et grandissant son triomphe. Le moment n'est pas loin sans doute où elle portera partout son sceptre lumineux. C'est surtout maintenant que son invincible puissance semble vouloir pénétrer de toute part : elle marche, elle marche. On la voit, ayant toujours à ses côtés ses deux compagnes inséparables, la religion qui la fait bénir partout où elle se montre, et l'instruction qui éclaire tous ses pas. C'est elle qui naguère s'arma pour l'Amérique, et qui, de nos jours, soufflant sur les ossements de la vieille Athènes, a réveillé un peuple de héros, combattant pour son Dieu et sa liberté ; c'est elle qui proscrivait la traite des noirs de l'Afrique, en même temps qu'elle affranchissait les serfs de la Moscovie ; c'est elle aussi qui, venant de briser le cimeterre des Mamelucks et la féodalité des janissaires, ouvre peut-être, au moment où j'écris, à l'Europe étonnée de sa victoire, les portes de l'Orient, plus étonné encore de sa défaite.

Le premier bienfait de la civilisation, c'est d'apporter d'utiles institutions sous l'influence desquelles la civilisation elle-même grandit bientôt, en leur empruntant un nouvel éclat. Ces institu-

tions peuvent bien être gênées, entravées parfois
dans leur action; mais, refoulées vers leur source,
elles ne tardent pas à reparaître et plus pures et
plus fortes. Voilà pourquoi désormais en France
l'immobilité est impossible; voilà encore pourquoi la génération actuelle demande partout, non
pas de nouvelles institutions fondamentales, mais
le maintien de celles qui existent. C'est l'exemple que nous offre également sans cesse l'Angleterre; aussi, ne reçoit-elle jamais d'atteinte de ses
oscillations politiques, parce qu'elle sait toujours
se rallier autour de ses vieilles libertés.

Passons maintenant aux mœurs de la France.
Quel est l'état moral de cette nation?

Sommes-nous fanatiques, comme au temps où
le vieux Letellier dictait la révocation de l'édit de
Nantes? impies, ainsi qu'on l'était quand l'athéisme, calomniant la philosophie, osait se décorer
de son nom? ou enfin, sommes-nous corrompus,
comme alors qu'un roi, de licencieuse mémoire,
parquait de jeunes victimes qu'il faisait mûrir pour
ses dégoûtantes orgies?

Si nous écoutons ces hommes qu'un esprit
d'exagération emporte toujours au delà du vrai
des choses, les uns nous diront que la France est
fanatique, parce qu'elle est religieuse; les autres,

qu'elle est impie, parce qu'elle est tolérante; ceux-ci enfin, qu'elle est corrompue, parce que le trésor a patenté la débauche.

Soyons plus sages et surtout plus justes, et convenons que chaque jour nous devenons meilleurs. « Nos enfants valent mieux que nous », s'écriait M. de Châteaubriand, dans son beau discours qui, pour frapper sur le cadavre d'un projet de loi, apparut néanmoins brillant ainsi qu'un flambeau sur une tombe. « Nos enfants valent mieux que nous, et nous valions mieux que nos pères », ai-je souvent entendu dire à l'aimable auteur du conte de Sans-Souci, ce bonhomme de la littérature moderne, tant aimé de tous, parce que toutes les fois qu'il écrit ou qu'il parle, il sait toujours mettre le cœur de la partie de l'esprit.

Oui, quoi qu'en dise M. de Bonald, la nation va toujours en s'épurant. Aussi, nous ne voyons pas que de nos jours la littérature soit obligée de subir la protection des courtisanes pour obtenir crédit en France; et Diderot mourrait aujourd'hui de faim avec ses *bijoux indiscrets* qu'il publiait cependant autrefois pour vivre. Il n'y a plus à encenser la sagesse et la fidélité d'une Pompadour: le règne des Pompadour est à jamais passé, et l'histoire de nos mœurs n'aura point à buriner le

scandale et l'odieux trafic d'une sœur royale, donnant une royale maîtresse à son frère pour l'en-
lacer dans des intrigues de cour.

« Si je considère les mœurs de la société , dit
« M. Dupin , j'y trouve les mêmes progrès que
« dans les écrits des prosateurs et des poètes :
« depuis les marches du trône jusqu'à l'humble
« demeure du bourgeois , je reconnais partout
« les effets d'une grande amélioration. Je cher-
« cherais en vain, dans les palais de nos rois, ces
« viles prostituées extraites de la populace pour
« souiller le sceptre avec plus d'éclat. Malgré
« de lâches calomnies , les mœurs des dames de
« la cour sont aujourd'hui plus pures, non seule-
« ment qu'aux époques tristement célèbres des
« Médicis, du régent et de Louis XV, mais même
« de Louis XIV et de Louis XVI. Le malheur a
« retrempé les vertus des familles illustres, et la
« vie domestique a repris des charmes pour elles.
« L'amour conjugal n'est plus ridicule à leurs
« yeux; enfin, l'éducation des enfants occupe au-
« jourd'hui les plus grandes dames et les plus
« grands seigneurs, qui jadis se reposaient d'un
« tel soin sur des valets et sur des merce-
« naires. »

Que dirons-nous maintenant de nos mœurs religieuses? C'est ici surtout que se fait sentir une grande amélioration. La liberté des cultes a fait disparaître ces haines invétérées qui déchiraient jadis les cultes différents. La religion n'a plus à gémir de ces vieilles querelles de mots ou d'amour-propre, où trop souvent elle était sacrifiée aux vanités théologiques ; et si l'on agit mieux aujourd'hui, c'est parce qu'on écrit et l'on dispute moins sur toutes ces matières. Quelle que soit la justice que semble rendre M. Dupin, à quelques égards, au clergé catholique, elle ne me paraît point assez éclatante: jamais peut-être il n'y eut de piété plus vraie et plus éclairée que de nos jours.

On sait, dans la plupart de nos palais épisco-paux, ainsi qu'on le savait autrefois dans celui de Fénélon, que la tolérance n'est pas seulement une vertu politique, mais encore une vertu chré-tienne; et la chaire de vérité retentit aujourd'hui de cette vérité sublime : que, tolérante pour les personnes, notre religion n'a d'intolérance que pour les erreurs (1). Il y a peu de jours encore

(1) M. Frayssinous disait dans sa conférence sur la tolérance : « Le zèle de la doctrine ne doit jamais « altérer la charité; intolérante contre les erreurs, « mais tolérante envers les personnes, telle est la re-« ligion que nous avons le bonheur de professer. »

que, loin de se croire troublé par le voisinage
d'un temple dissident, nous avons entendu un
auguste prélat dire aux protestants qui venaient
le visiter : « J'aime toujours, Messieurs, à me
« trouver près des gens qui prient. »

Graces au Ciel, nous n'avons plus de ces cou-
vents sans nombre grossis par la vanité des familles, où des cadets expiaient dans un célibat forcé,
le malheur d'être nés les derniers ; mais où trop
souvent aussi, il n'y avait de réglé que les heures
des repas et des prières. Nous n'avons plus de
ces moines quêteurs, pauvres de vertu mais si riches par l'aumône ; ce qui faisait dire assez plai-
samment par Dufresny à Louis XIV : « Sire, je
« ne regarde jamais le Louvre sans m'écrier : Su-
« perbe monument de la magnificence d'un de
« nos plus grands rois, vous seriez achevé depuis
« long-temps, si l'on vous avait donné à un des
« ordres mendiants, pour tenir son chapitre ou
« loger son général. »

Qu'y a-t il de plus simple, de plus humble et
de plus édifiant que nos jeunes lévites, à qui l'on
reproche une austérité sauvage, mais dont la vertu
du monde ne sait guère s'effaroucher ? Qu'y a-t-il
de plus vénérable que nos vieux prêtres, la plupart
martyrs vivants de la religion et tous modèles tou-

chants de sagesse et de bonté? On les a dépouillés de *leur croix d'or, et ils ont pris une croix de bois: c'est une croix de bois qui a sauvé le monde*(1). Au milieu des besoins qui les pressent de toute part, besoins qui ne sont jamais les leurs, mais ceux de l'infortune, à peine les uns et les autres reçoivent-ils le modique salaire d'un commis à pied, et pourtant le malheur est toujours sûr de trouver auprès d'eux asyle et secours.

Mais j'entends crier de toute part au jésuitisme, car le peintre de notre époque ne pourra pas taire que cette faction agita les esprits.

Avouons-le, on est injuste envers les jésuites, lorsqu'on va jusqu'à les outrager comme hommes ou comme chrétiens. Oubliant les services qu'ils ont pu rendre à ce double titre, on ne songe qu'à accuser le corps entier des erreurs et des crimes de quelques-uns de ses membres; et, par une inconcevable aberration, on voudrait établir aujourd'hui entre eux une solidarité qui, allant fouiller dans le passé, réfléchirait jusque dans l'avenir. Voilà les hommes : ils ne savent combattre ou se défendre qu'avec l'outrage; aussi l'outrage appelle l'exagération, l'exagération produit la résistance, et la résistance est toujours

(1) M. de Montlosier.

trop habile à grossir et à recruter ses rangs.

Toutefois, au milieu des cris qui s'élèvent de toutes parts contre les jésuites, sachons distinguer les plaintes de ceux qui croient devoir les repousser autant par respect pour les lois de la nation, que pour prévenir les maux que leur présence pourrait ramener encore dans l'état comme dans l'église; et ne confondons point ces plaintes avec les clameurs de ceux qui ne les poursuivent, que dans l'espoir caché d'atteindre et de frapper la religion. Tenons-nous en garde contre les rumeurs d'une audacieuse impiété qui croit avoir remporté un véritable triomphe quand elle a pu imprimer le nom de jésuitisme à tout ce qui est moral et religieux, espérant, dans son délire, tout envelopper dans une proscription commune : ce sont les vieux restes du philosophisme expirant; ou plutôt ce sont les derniers abois de l'anarchie cherchant encore parfois à soulever sa tête hideuse de dessous la boue qui la recouvre.

Mais, hâtons-nous de le dire, plus sages, les jésuites, mystérieusement accueillis et tolérés parmi nous, auraient dû se retirer aussitôt qu'ils sont devenus un prétexte de trouble. C'est un devoir, et un devoir impérieux, que de disparaître aussitôt qu'à tort ou à raison le désordre s'attache à nos pas. Ceci est vrai surtout en politique, où l'opinion si puissante et si mobile n'attend pas toujours les arrêts de la justice ou les ordres du souverain. D'ailleurs, les jésuites ont été bannis de France, et tant que leur interdiction n'aura pas été levée, ceux qui comptent pour quelque chose le respect que l'on doit aux lois de son pays, se rallieront toujours plutôt aux arrêts qui les proscrivent qu'au mystère qui les rappelle. Qu'ils se soumettent hautement à l'autorité des lois civiles et religieuses sous l'empire desquelles ils veulent vivre; alors existant par elles, ils trouveront sous leur égide une protection qui deviendra une garantie pour tous, et en faveur des intentions dont ils se parent et contre celles qu'on leur prête. Mais aujourd'hui, au sein de la nation et de l'Église françaises, leur existence est une véritable anomalie. Pourquoi ne sont-ils citoyens que de leur ordre? prêtres que de leur ordre? pourquoi, marchant à reculons dans notre patrie, ont-ils toujours les regards fixés au delà des Alpes? Rome chrétienne ne demande plus qu'on adore Rome politique, et le trône des pontifes est entouré d'un bien plus saint respect depuis que le Vatican, déshérité de ses foudres de conquête, n'a plus que des prières pour la paix de la terre. Un gouvernement bien policé ne doit jamais souffrir dans son sein un corps excentrique qui attire et retient tout à lui, pas plus qu'un bon jardinier ne saurait souffrir dans son jardin une plante parasite qui traîne ses racines dans les racines de toutes les autres plantes.

En Angleterre, le zèle des jésuites a perdu les Stuarts, le zèle des Stuarts a perdu l'Église romaine, grande et terrible leçon qui, en France, ne doit pas demeurer stérile pour les vrais amis du trône et de la religion.

Resterait à examiner quel est l'état politique de la France et quel est son esprit social; mais le tableau est trop grand pour le cadre, et surtout le portrait trop difficile pour le peintre. Je me bornerai à exprimer ici un vœu et une pensée : Quand donc verrons-nous la modération, cette vertu des forts, devenir parmi nous une vertu nationale? Chaque jour, il est vrai, nous semblons marcher vers ce temps; mais marchons plus vite encore! hâtons-nous surtout de proscrire ces distinctions de parti qui prolongent nos divisions intestines, au milieu desquelles les modérés sont toujours sacrifiés par tous. Placés entre deux feux, tous les traits en se croisant frappent sur eux,

et, comme le dit notre vieux Montaigne, « ils sont
« pelotés à toutes mains. Quand Guelfe j'étais
« Gibelin, et quand Gibelin j'étais Guelfe. »

Quant à notre esprit social, il est toujours Français, et ce seul mot exprime tout : l'alliance de
la gaîté avec la franchise , de la loyauté avec la
galanterie. Toutefois nous devenons plus graves,
sans rien perdre cependant de ces graces vives et
légères qui furent toujours le type de notre caractère national. Aussi, voyons-nous que la chan-
son a emprunté, de nos jours, quelque chose de la
majesté de l'ode, en même temps que le roman,
cherchant ses sujets dans l'histoire, se retrempe
dans ses souvenirs. La comédie, ce miroir des tra-
vers du temps, loin de rire, ainsi qu'autrefois, de
la vieillesse ou de l'amour conjugal, n'a plus de
véritable inspiration que pour dicter les leçons les
plus sublimes de respect, d'union et d'honneur.
L'éducation semble aussi chaque jour, sinon ni-
veler, du moins rapprocher toutes les conditions.
Il n'est plus guère dans nos mœurs sociales d'encenser les distinctions factices; et maintenant celui qui s'enfle et s'admire devant ses parchemins
est un personnage grotesque dont le théâtre même ne s'occupe pas; on n'en voit plus que dans
les comédies du dernier siècle, ou dans quel-

ques petites villes où on ne les joue pas encore. Aussi, un grand paraît-il quelque part, si quelque chose étonne et fatigue ces parvenus d'hier ou nos exclusifs du jour, ce n'est pas leur servilité envers lui, mais bien son affabilité envers tout le monde. « Il est vrai, disait Massillon, que « l'affabilité est comme le caractère inséparable « et la plus sûre marque de la grandeur. Les « descendants de ces races illustres et anciennes, « auxquelles personne ne dispute la supériorité « du nom et l'antiquité de l'origine, ne portent « point sur leur front l'orgueil de leur naissan- « ce...; parmi tant de titres qui les distinguent « la politesse et l'affabilité est la seule distinction « qu'ils affectent. Ceux, au contraire, qui se parent « d'une antiquité douteuse, et à qui l'on dispute « tout bas l'éclat et la prééminence de leurs an- « cêtres, craignent toujours qu'on n'ignore la « grandeur de leur race, l'ont sans cesse dans « la bouche, croient en assurer la vérité par « une affectation d'orgueil et de hauteur, met- « tent la fierté à la place des titres, et en exi- « geant au delà de ce qui leur est dû, ils font « qu'on leur conteste même ce qu'on devrait « leur rendre. »

Ainsi va le monde. Les vanités et les faiblesses,

les petitesses et les passions tourmenteront long-
temps les hommes. Cependant deux causes éner-
giques agissent puissamment sur les masses et
les individus, et leur action continue presse,
pousse et force bientôt tous les rangs : ce sont les
institutions et les lumières. Mauvaises, les institutions dégradent souvent l'humanité; bonnes,
elles la corrigent et la perfectionnent presque
toujours. Nous en faisons maintenant l'heureuse
expérience, depuis qu'une ère nouvelle s'est levée
pour nous à l'ombre d'une charte, immortel présent d'un roi législateur qui a su lier les temps
passés avec les temps modernes.

Désormais la nation française s'est élevée au
rang des peuples libres ; et, chose admirable, aujourd'hui nos libertés ressortent surtout de la majesté du trône. A côté de l'inviolabilité du monar-
que se trouve la responsabilité des ministres. C'est
cette même responsabilité qui, couvrant toujours
l'auguste vie murée, protége toujours aussi nos
conseils et nos plaintes; et le droit de remon-
trance, qui jadis frappait contre nos rois, maintenant ne frappe plus que contre leurs conseillers.

Ainsi, nous avons pour maxime que, placé dans
l'atmosphère d'une région élevée et inaccessible,
le roi de France n'est jamais atteint, parce qu'il

ne peut jamais mal faire, semblable en quelque sorte au dieu de Platon qui, ne pouvant envoyer le mal sur la terre, se servait de divinités secondaires pour communiquer avec les hommes. On dit pourtant que nos divinités ministérielles ne valent pas toujours les divinités de Platon.

Qu'on ne s'étonne pas ensuite si la Charte est si chère aux Français : c'est le gage des rois, c'est le titre de la nation ; et si jamais quelque main infidèle, blessant la foi et la dignité royale, osait toucher à ce dépôt sacré, serrons les rangs.......
Malheur à ceux à qui un semblable appel porterait ombrage ! ils conspirent s'ils ne sont pas déjà coupables (1).

Les masses et les individus, disais-je tout-à-l'heure, trouvent dans les lumières un puissant levier ; c'est même, à n'en pas douter, le premier et le plus puissant de tous, parce qu'il soulève bientôt tous les autres. Les lumières produisent les bonnes institutions, qui, à leur tour, enfantent les bonnes mœurs, la justice et la prospérité ; c'est le soleil qui éclaire, anime et vivifie tout.

Répandez et popularisez l'instruction, et bien-

____

(1) Malheur, disait Rivarol, à ceux qui remuent le fond d'une nation !

tôt, sous son heureuse influence, vous verrez l'homme devenir et meilleur et plus habile. Dans la vie privée, raisonnant ses pensées et ses actions, il trouvera plus de charmes et de douceur, plus de perfection et de penchant à la vertu; citoyen ou mortel fragile et périssable, il comprendra mieux ses droits et ses devoirs, son néant et sa fin divine. Aussi, était-il éminemment philanthrope ce célèbre cardinal de Tournon qui, en 1540, décida que *l'ignorance étant une pauvreté de l'ame beaucoup plus déplorable que celle du corps*, on devait, dans l'emploi du legs de *son prédécesseur, préférer l'instruction de la jeunesse aux aliments du pauvre.*

M. Dupin, dans le rapprochement qu'il a fait de la France du nord avec celle du midi, nous a prouvé d'une manière mathématique les effets et l'influence de l'instruction. Le chiffre est toujours là pour appuyer le fait et le raisonnement. Je m'étonne qu'un pareil ouvrage n'ait pas, dès sa naissance, produit une émulation plus active et plus spontanée; mais c'est le sort des bons livres : ils agissent lentement. Il y a dans l'ignorance du vulgaire un certain amour-propre qui lui fait repousser sans examen les bienfaits qu'on lui apporte; aussi, quand il cède, c'est toujours sans obéir. Et puis, il faut tout dire, à la vivacité d'esprit qui les distingue, les habitants du midi joignent une sorte de paresse dont le charme monotone les enchaîne long-temps sous le joug de leurs habitudes routinières.

Ce n'est pas tout, et souvent on l'a dit, si les lumières élèvent l'homme privé, elles font surtout aussi la splendeur des nations. Jetons un regard sur les siècles passés, reportons-nous ensuite sur ce qui nous environne, bientôt nous verrons jaillir de tout côté avec éclat cette vérité triomphante. L'Égypte et la Phénicie, berceaux des arts utiles, leur doivent cette puissance séculaire dont l'histoire a consacré le souvenir. Le monde s'écroulerait que les reflets seuls de la gloire attique pourraient encore éclairer et ranimer des ruines. La Macédoine n'a conquis l'univers que lorsqu'elle eut à sa tête un roi qui ne marchait jamais sans son Homère et qui avait été disciple d'Aristote. Syracuse avec un seul homme (1) et le secours d'une seule science ar-

(1) On sait qu'Archimède obligea Marcellus à changer le siége de Syracuse en blocus, après lui avoir fait essuyer des pertes considérables d'hommes et de vaisseaux par le jeu terrible de ses machines.

« On voit. dit Rollin (*Histoire ancienne*), quel in-

rête une armée tout entière, et il n'est pas de conquête dont la gloire puisse égaler celle d'une pareille résistance. Rome a surtout brillé d'un éclat sans égal alors que les Scipion, les César et les Auguste la conduisaient à la victoire en temps de guerre, et l'instruisaient eux-mêmes dans la paix. La France n'a jamais été si grande et si puissante que sous les règnes de Charlemagne (1) et de Louis XIV ; enfin la Russie ne comptait pas au rang des nations civilisées avant Pierre-le-Grand, qui n'a pas seulement recherché, encouragé les arts et les sciences, mais qu'on a vu encore travailler de ses propres mains, jusqu'à fouiller et transporter lui-même la terre des canaux qu'il faisait creuser.

Qu'on ne prétende pas que ces peuples doivent bien plutôt à leur valeur couronnée de la victoire, qu'aux arts et aux sciences, l'éclat qu'ils

« térêt ont les princes de protéger les arts, de favo-
« riser les gens de lettres, d'animer les académies des
« sciences par des distributions d'honneur et par des
« récompenses solides, qui ne ruinent ni n'appauvris-
« sent jamais un état. »

(1) « Charlemagne, dit le président Hénault, aima,
« cultiva et protégea les lettres et les arts ; car la véri-
« table grandeur ne va jamais sans cela. »

ont jeté dans le monde ; les faits et l'histoire viennent bientôt répondre. Les trophées de leurs conquêtes ont disparu depuis long-temps, mais avec les arts et les sciences ils ont élevé des monuments impérissables. Voyez ensuite, au quatrième siècle, ces peuplades de barbares fondant de toute part sur l'Europe ; l'aveugle succès des combats suivait bien aussi tous leurs pas ; mais quelle était leur puissance, et quelle a été leur gloire ? Leur puissance, c'était celle d'une bête féroce qui ne domine que tant qu'elle tient ; leur gloire, c'est de leur conquête que date l'état de barbarie dans laquelle l'Europe a dormi pendant plusieurs siècles. Veut-on maintenant une preuve plus forte et plus vivante ? quand l'Italie a-t-elle offert l'exemple unique au monde d'un même sol donnant deux fois un nom à un siècle ? c'est alors que les Médicis ouvrirent leurs bras hospitaliers aux nobles fugitifs de Constantinople, derniers débris d'un grand peuple qui apportaient avec eux les archives du génie antique.

De nos jours l'influence des lumières se fait sentir partout avec la même force. A quoi l'Angleterre est-elle redevable de sa prépondérance européenne ? aux ressources immenses de son

industrie, que l'éducation a répandue et perfec-
tionnée dans toutes les classes d'une manière
si étonnante. Depuis quand la Russie s'est-elle
placée aux premiers rangs parmi les grandes
nations? depuis qu'Alexandre, dans son empire,
avait entouré les lumières d'une protection si
active. Depuis quand surtout l'Amérique du
nord, secouant le joug de la servitude, a-t-elle
pris un essor si rapide et si élevé? depuis que
les arts, les sciences et l'industrie travaillent,
peut-être, à lui forger le sceptre du monde (1).

Laissons tomber maintenant nos regards sur
ces peuples qui languissent dans l'oisiveté et
l'ignorance; ne parlons pas de ces bandes sau-
vages de l'Asie ou de l'Afrique, tributaires loin-
taines de la barbarie, qui ne reçoivent pas même
la plus légère secousse du mouvement imprimé
de toute part à la civilisation; arrêtons-nous
sur des contrées plus voisines et dont l'exemple
rendra peut-être la leçon plus sensible et plus
frappante.

(1) « Ce peuple, dit M. Chaptal (*De l'Indústrie fran-
« çaise*), placé au centre du monde commerçant, me
« paraît appelé aux plus grandes destinées, et peut-être
« à hériter un jour des arts et du commerce de la vieille
« Europe. »

D'où vient cet état de stagnation dans lequel languissent l'Italie et le Portugal ? d'où vient cette marche rétrograde de l'Espagne, que la nature semblait cependant avoir comblée des éléments de la plus grande prospérité ? où faut-il rechercher les causes qui plongent de si beaux pays dans l'inertie et trop souvent dans le désordre? elles se montrent bientôt à qui veut les apercevoir : les lumières ne fécondent plus ces riches contrées, l'industrie y est étouffée, les arts et les sciences n'y servent pas d'auréole aux têtes couronnées. C'en est assez, c'en est trop pour faire tout le malheur de ces peuples.